저자 마루 최정순 시인

마루 최정순 제2시집

들에선 아직도 가을꽃들이 피어나고

Choi
　Jung
　　Soon

문학신문 출판국

〈서문〉

젊음의 시 혹은 시의 젊음

문효치(시인·한국문인협회 이사장)

　최정순 시인의 두 번째 시집이 나온다. 늦깎이로 공부하며 부지런히 창작 활동에 몰두하더니 첫 번째 시집에 이어 벌써 두 번째의 결실을 거두고 있다. 흔히 시 공부란 끝이 없다고 말들을 한다. 그러나 어떤 일이든 중단하지 않고 끝까지 꾸준히 매진하기란 쉽지 않다. 사람이 늙는 길은 두 가지가 있다고 생각한다. 그 하나는 힘과 의욕이 서서히 사라지면서 아까운 시간을 허송하게 되는 것이고, 또 하나는 지금까지 살아오면서 경험한 것, 느끼고 생각한 것들을 높은 경륜의 경지로 끌어올려 남의 귀감이 되어 가는 길이다.
　최정순 시인은 당연히 후자에 속할 것이다. 그는 시 창작이란 매우 창조적이고 생산적인 일에 열정과 의욕을 보여 왔으며, 지금까지 살아오면서 체득한 높은 경륜의 경지를 이루고 그 목적을 '시집'이라는 아름다운 결과물로 보여 줌으로써 우리를 감동시키고 있다.

시는 무의미한 것을 유의미한 것으로 바꿔 주는 매우 강한 힘을 가지고 있다. 우리가 무심히 보아 넘기는 사물들, 이를테면 '가로수' '찔레꽃' '상추' '고욤나무' '귀뚜라미' '날파리' 등등. 최정순 시인은 그러나 이런 것들을 무심히 보아 넘기지 않는다. 어쩌면 우리가 무관심하게 버려두었던 사물들이 최 시인에게는 시를 만들어 내는 보물이 되고, 결국은 유의미한 세계를 창조해 내게 한다.
　이러한 창조적 행위는 최 시인의 생각에서 비롯된다. 아시다시피 '생각' 즉 思考는 모든 문화 창조의 근원이 된다. 뜻깊은 철학도 위대한 종교도 고매한 문학이나 예술도 모두 깊은 생각 속에서 우러나온다.
　늘 생각하며 사는 최정순 시인은 세월이 흐르면서 늙어 가는 것이 아니라 기실은 인생이 점점 여물어 가고 알차게 젊어지고 있는 셈이다. 좀 역설적이긴 하지만, 늙어 가면서 젊어지는 한 본보기인 것이다.

닿을 듯 말 듯
잡히지 않는데
육십갑자는 팽이처럼 돌아간다

눈이 오기 전에
빠알갛게 빛나는 열매
바구니에 담고 싶은데…….

이 책 속에 있는 최 시인의 「욕심」이란 시다. '빠알갛게 빛나는 열매'를 수확하고자 하는 의욕을 불태우고 있는 그의 마음 속내를 알 수 있는 시다. 쉼 없이 달아나는 세월을 결코 헛되이 보내지 않겠다는 의지의 표현이다.

우리는 지금 21세기에 살고 있다. 가히 과학 만능, 물질 만능 시대의 한가운데 살고 있다. 그러나 과학과 물질만이 세상의 모든 가치의 척도가 된다면 얼마나 삭막한 세상이 될까. 과연 그런 환경 속에서도 인간이 존재할 수 있을까. 그것에 대한 답은 '아니다' 이다. 그것을 깨달았기에 요즈음 인문학에 대한 관심이 뜨겁지 않은가. 인문학 중에서도 문사철이요 그중에서도 가장 앞에 놓인 것이 문학이다. 최정순 시인의 시는 그런 의미에서도 인문학적 가치가 매우 높다 할 것이다. 아무쪼록 이 젊은 시인의 건필이 끝까지 이어지기를 빈다.

시인의 소리

두 번째 시집을 발표합니다.
이 시를 읽어 주시는 고운 임 감사합니다.

차례

서문
젊음의 시 혹은 시의 젊음 ···· 4
문효치(시인 · 한국문인협회 이사장)

시인의 소리 ···· 7

1부 감 눈이 시집가서

5월 ···· 15
11월이 오면 ···· 16
2016년 1월 1일 ···· 18
가로수 ···· 19
감 눈이 시집가서 ···· 20
농장 ···· 21
뒷산 1 ···· 22
뒷산 2 ···· 23
이사 2 ···· 24
잔치 ···· 25
축제 ···· 26
출세 ···· 27
환갑 지난 여름 ···· 28

2부 꿈속에서

꿈속에서 ···· 31
낙관 ···· 32
농사 ···· 33
뜬눈 ···· 34
머릿속 ···· 36
방향 ···· 37
버림받은 몸 ···· 38
북소리 ···· 40
사촌 오빠들 ···· 41
숙제 ···· 42
어머니 4 ···· 43
욕심 ···· 44
추석에 ···· 45
친구 ···· 46

3부 주고 싶은 사람과 받고 싶은 사람

김신 장군 ···· 49
먼지 1 ···· 50
먼지 2 ···· 51
몸값 ···· 52
까만 비닐봉지 ···· 53
배탈 난 땅 ···· 54
주고 싶은 사람과 받고 싶은 사람 ···· 55
착각 ···· 56
착한 친구 ···· 57
참을 수가 없어서 ···· 58
철딱서니 ···· 60
최고 나무 분재 ···· 62

4부 물은 흐르고 시대도 흐른다

갈피를 못 잡고 …· 65
근린공원 …· 66
룰루랄라 …· 67
물은 흐르고 시대도 흐른다 …· 68
변덕스러운 날씨 …· 69
오늘의 공부 …· 70
외식 …· 71
존경 …· 72
참아요 …· 73
철새 …· 74
큰 나무 1 …· 75
쿠린내 …· 76

5부 바람은 바람에게 쫓기고

가거라 ···· 79
공이 구른다 ···· 80
날개 ···· 81
무게 ···· 82
바람은 바람에게 쫓기고 ···· 83
숨바꼭질 1 ···· 84
숨바꼭질 2 ···· 85
숨바꼭질 4 ···· 86
염치도 없다 ···· 87
예금 ···· 88
치매 2 ···· 89
퇴장 ···· 90
그림자 ···· 91
일생 ···· 92

6부 보이지 않는 손

기분 좋은 날 1 ···· 95
고질병 ···· 96
발의 고백 2 ···· 98
보이지 않는 손 ···· 99
시 1 ···· 100
시 3 ···· 102
불평 ···· 103
전쟁 ···· 104
지하철 안에서 ···· 106
파발마 ···· 107
팔자 ···· 108
피서 ···· 109
헛소리 ···· 110
화 ···· 111

1부
감 눈이 시집가서

5월

하얀 뒷산
꽃 냄새에 내 코가 꿰었다
무심코 끌려가다 보니
입구에서
찔레꽃이 안내한다

아카시아꽃 이불 속에서
진한 향기에 취해
정신을 잃고
앞뒤 분간 못 하는데

실바람 타고
끈질기게 쫓아온 그의 체취가
방안을 가득 채운다.

(2016년 5월 15일)

11월이 오면

　　1
혈기 왕성할 땐
맘껏 몸을 흔들며
원 없이 새파란 청춘을 즐겼고
또다시 울긋불긋 곱게 차려입고
지르박을 추는데
겨울이 다가온다고 하니
무턱대고 따라갔던 바람은
거리에 내동댕이치고 달아나
단풍잎은 천덕꾸러기 거지 신세 되어
이리 밟히고 저리 밟히는데

　　2
실속 차리는 영악한 사람들은
여름에
소나기 같은 땀을 퍽퍽 쏟아 내며
헉헉거리지만
겨울이 다가온다고 하니
들에서 온갖 곡식
다 거둬들여
곳간 가득 채워 놓고

몸은 따뜻한 털옷에
방문 꼭꼭 걸어 잠근 채
바람에게 시달리는 낙엽을
창문으로 거들먹거리며 바라본다.

(2014년 11월 28일)

2016년 1월 1일

병신 육갑하는
원숭이를 맞이하러 산으로 올라갔다
폰은 전국 각지로 인사하러 다니느라
먼지 풀풀 날리면서
노랫소리가 나는가 했더니
삐리링삐리링-
삐뽀삐삐뽀-
카톡카톡카카톡-
현관문 벨 소리도 각각
시끄럽다
밥 먹을 시간도 없이 다리 아프겠지만
올해는 유난히 눈부시게
붉은 다이아몬드 해가 떠오르면서
복 받으러 온 사람들
탱탱한 풍선 띄웠더니
몸을 우쭐거리며 팔짝팔짝 뛰어오르고
아기 바람 신나서 부채춤을 춘다

폰 높이 올라가 받들어 모신다.

가로수

1
매연에 먼지도 많지만
자동차도 크고 작은 소리로
노래 부르고
참새들 날마다
세상 새로운 소식 알려 주어
세월 가는 줄 몰랐는데 어느새
허리가 굵어지고 팔이 통통해졌다

2
세 사람만 있어도 떨려서
말이 나오지 않았고
야한 소리 들으면
빨간 분꽃이 되어
고개를 들지도 못했는데
내 그림자 동쪽으로 길어지니
뻔뻔하게 같이 웃고 있다
참 많이 자랐다.

감 눈이 시집가서

추운 겨울 지나고
따뜻해지면서
눈을 뜨려고 하는데
쏘옥 무서운 칼끝이 닿는가 했더니
고욤나무에게 붙어살라 한다
떠나지 못하도록
단단히 붙들어 매여지고
춥고 아프고 서러워
꾸억꾸억 남몰래 울면서
세월이 어떻게 갔는지
키는 하늘에 닿고
가지마다
주렁주렁 환하게
등불 켰지만
가끔은
고향 생각이 날 때도 있다.

(2014년 11월 5일)

농장

7월 3일 농장주에게 초대받았다
상추, 깻잎, 쑥갓, 고추, 가지, 오이, 토마토
그들이 쏟아 내는 팔팔한 향이
뼛속까지 깊숙이 들어왔다

여름 햇빛 받은 주름진 얼굴에
파란 새싹이
더위에 지쳐 졸고 있는 바람 밀어내고
힘차게 움트는 것을 봤다.

(2015년 7월 3일)

뒷산 1

겨울에는 벌거벗고 있던
개나리, 진달래, 철쭉
줄을 이어 패션쇼를 하거나 말거나
눈길도 안 주던 새파란 소나무

5월이 되자
노란 촛불 수만 개 달아 놓고
향기 따라 산을 오르는
사람들을 보며 활짝 웃는 걸 보고

질투 많은 아카시아
뒤질세라
하얀 꽃 이불로 산을 뒤덮고
꿀 항아리 가득 채웠다

그런데 글쎄, 오늘 보니
소나무
촛불은 언제 껐었나?
아기 솔방울 주렁주렁 껴안고
까르르 웃고 있다.
  (2015년 6월 2일)

뒷산 2

아직 동이 트지 않아
잠을 덜 깨
눈은 가물가물하는데
옷 여밀 사이 없어도
87세 된 할머니까지
밀려오는 가족들
긴 팔 벌려 끌어안는다

산새들 깨워서
아침 노래 준비시키고
운동기구들
손님맞이 차렷 자세다

날마다 오던 식구가 안 보이면
혹시라도 온종일 기다려지고
땀을 뻘뻘 흘리며
올라오는 식구들의 밝은 모습에

오늘 하루도 밤까지 파이팅!

(2014년 7월 19일)

이사 2

밤낮 가리지 않고
문 열어 달라고
방충망에 붙어
소리소리 지르더니

살랑 가을바람 타고
귀뚜라미가
숲속으로 이사 와서
뚜르르뚜르 책 읽는 소리가

시끄러워 못 살겠다며
내년 여름에 온다고
인사도 없이
매미는 이삿짐을 쌌다

자기 큰 소리 친 것은 모르고
남의 소리는 잘 들리나 보다.

(2014년 9월 16일)

잔치

이른 아침
시끄러운 전화 소리 듣고 밖을 내다보니
하얀 나비 훨훨 내려앉고 있다

뒷산 올라
얼굴 모르는 남자들과 눈싸움하다
빨간 옷이 하얗게 물들었다

눈바람, 신바람 나서
눈사람과 춤을 추고

-와하하하
-해해해

나무들 일어나 손뼉 치는 소리에
늦잠 자던 매봉산 화들짝 놀라 깬다.

(2016년 2월 28일)

축제

뒤늦게 찾아간 구례 산수유
기다리다 지쳤다며 고개 돌린다

구박받고 풀이 죽어 순천으로 가는데
길 양쪽 나란히
벚꽃 터널 환영한다

연분홍 드레스 나풀거리며
창문 속 들여다보고 벙긋거리는데
봄바람 신바람 모두 나와 손뼉 친다

버스 속의 사람들
홀딱 미쳐 취해서
손 흔들고 소리 지른다.

(2016년 3월 31일)

출세

우리 동네엔
사과나무가 한 집만
있었지만 열리지 않았다

내 어려서는 제사상에
대추, 곶감, 밤, 배가 있었지만
사과는 생각나지 않는다

대구에 살던 사과나무가
항상 넘보고 있던
충청도로 올라오더니

이제는 제사상에 버젓이 올라앉아
제삿날에는 얼씬도 못 하는
복숭아를 약 올리고 있다.

(2014년 10월 10일)

환갑 지난 여름

말복 날
밤낮으로 한여름을 같이 지낸 더위를
그냥 보내기 아쉬워

황기인삼전복대추마늘찹쌀을
토종닭 배 속이 터질 만큼 가득 채워
막걸리까지 곁들여 송별연을 베풀었건만

말복 지난 지 열흘이나 지났는데
펄펄 끓는 가마솥 속 같은 더위는
방안에 철퍼덕 주저앉아
가기 싫다고 앙탈만 하고

방충망에 매미 불러다 매 앵 맹---
꽁지가 붕붕 뜨게 노래 부르게 해 놓고
아주 누워 버리려나.

(2015년 8월)

2부
꿈속에서

꿈속에서

잠시 눈을 감으면 측백나무 울타리 속
초등학교 운동장으로 달린다
춘자, 성자, 순자, 정자, 재광, 정웅,
종슬, 연환, 원조, 문수, 주상이
넓은 운동장에서 날 듯 뛰어놀고
학교 앞 낭떠러지 물에 풍덩 들어가면
송사리 새끼들 날개 달고 도망치고
동네 이야기 다 담고 있는
마을 지키는 정자나무 밑을 지나
목화솜보다 더 포근한 집에 들어가면
따끈따끈한 사랑이 기다린다

앞뒤 산 진달래
온 동네 환하게 불을 밝히면
탁구공만 한 꺼병이 쪼르르
풀숲으로 숨바꼭질하고
왕벌이 들어간 호박꽃 오므려
꽁지에서 꿀 빼먹던 환상의 그 맛
깜박 눈을 뜨니
아파트 11층 벌집 같은 방안이다.
　(2015년 5월 6일)

낙관

꽃밭을 거닐다가
눈에서 빤짝 빛이 났다

꽃잎을 정성으로
손가락에 묶었다

밤새 저리고 아파 신음했지만
못 들은 척 매정했다

아침 해가 뜨자 묶였던 손가락
풀어 주었지만

손톱은 빨갛게 멍이 들었다.

(2014년 7월 29일)

농사

5월 5일
내 주머니 털며
푸른 하늘 훨훨 날아오르더니

5월 8일
내 가슴에
빨간 카네이션으로 피었다.

(2016년 5월 8일)

뜬눈

끝이 보이지 않는 까만 밤을 열고
고무줄 끊어 놓은 까까머리가
단발머리와 짜그락거리며
교실로 들어온다

뒷산에서 꺼병이가
따라오라 해 놓고 가랑잎 속으로
숨바꼭질하자며 약 올리는데

봄바람은
진달래꽃 따 먹고
여름으로 달아난다

앞 냇물에서는
바위에 안겨 단꿈을 꾸고 있는
고동을 깨워 나동그라지다가
심심하던 물고기와 신나게 놀고 있다

빛바랜 필름이
삼켜 버린 시간들을 밤새워
꾸역꾸역 토해 내고 있다.

(2017년 4월 28일)

머릿속
- 시 -

마음 단단히 먹고
아깝지만 헌것들을
싹싹 쓸어버렸다

애써 텅 비워 놨더니
쓸모없는 것들이
기웃거리고 있다

알찬 곡식만 채우려고
신발창이 너덜너덜 헤매었지만
실한 것들은 그릇이 마음에 들지 않는다나.

(2016년 3월 7일)

방향

둥지를 나와 길 떠나서
옆을 돌아보지 말라는
가훈에 묶여
앞으로만 달려왔는데

꽃과 나비가 내 눈을 흔들고
새들이 귀를 잡아끌며
콧속을 후비고 들어오는 박하 향의 유혹

고개 한 번 돌리지 못하고
매몰찬 바람과 동행한
나는

피고름 딱지
미련 없이 떼어 버리고
는개로 가려진
첫 시발점으로 눈을 돌린다.

(2015년 11월 6일)

버림받은 몸

내가 세상에 나왔을 때는
비싼 몸이었다

이 집구석에 처박힌 지
벌써 몇 년이던가

이제나저제나
날 찾아 줄까 눈 아프게 기다렸지만

하얀 먼지만 놀자고 찾아오고
잠만 자는 신세가 되었다

어떤 무수리는 왕의 눈에 띄어
왕이 될 왕자도 낳더라만

나도 이제 책꽂이에서 빠져나와
누구의 지극한 사랑을 받고 싶다

이러다 소각장으로 끌려가는 것은 아닌지
한숨 소리에 책장이 흔들린다.

(2016년 2월 11일)

북소리

버얼써 아득한 옛날
정월 대보름이 되면
우리 고향에서는
농악놀이패들이
북치고장구치고꽹과리치고징치고버꾸치고
머리 흔들며 야단법석 떨면서
집집마다 술동이 내놓고 붓고 마시고
동네 액운 다 내쫓았다

피는 속일 수 없나
아비가 북을 쳤으면
아들이 자라서 대를 이어 북을 쳤다
감나무에는 꼭 감이 열리듯이
하는 모양새도 아비와 똑같았다
아이들은 풍장패들 뒤를 줄줄이 따라다니고
신명 나던 꽹과리, 북소리
어깨가 들썩들썩

어느새 나는 그때 그 시간으로 돌아가 있다.

(2014년 6월 10일)

사촌 오빠들

우렁이 잡아 신발에 가득 넣어 주어
맨발로 오게 하고
머루 따다 치마에 듬뿍 담아 주어
배꼽까지 보이게 하던 오빠들

서울이 좋다고
지게 작대기 집어던지고
기차 타고 올라오더니

산다래 칡뿌리가 먹고 싶다고
둘째가 오래전에 선산으로 가니까
막내가 같이 가자고 따라가고
큰형이 찾으러 갔다

꽉꽉 채운 저금통도 버리고
가을 단풍 바람 타고
차디찬 삼베옷으로 갈아입더니
훠이훠이 손 흔들고 영원히 가 버렸다.

(2015년 12월 30일)

숙제

강산이 바뀌고 또 바뀌어
켜켜이 쌓였건만
오늘도 김철영 선생님께
멀리서 머리 숙인다

공부 시간에는
서릿발 날리고
수업 끝나면
목화솜으로 바뀌는

선생님 자전거 위에서
머리카락 날리며 노래 부르고
깔깔대며 뒷산 오르던
파란 추억 잊지 못하는데

선생님께 보내는
우표를 붙이지 못한
수많은 편지가
내 영혼 속에서 떠돌고 있다.

(2015년 10월 16일)

어머니 4

해외여행을 하면서
비행기 창문으로 내려다본 하늘은
푹신한 목화솜처럼 몽실몽실
신기하게 보였습니다
나와 마주친 햇살은
내 눈에 비친 짠물의 의미를 알았는지
살짝 구름 속에 들어갔다 나오더라고요
그렇게도 여행을 하고 싶으셨던 어머니
아들이 아닌 딸이라서
소원을 못 들어드린 것이
아팠습니다
지금은 모든 짐 내려놓으시고
편안하게 즐거운 여행을 하시나요
어머니!

(2014년 6월 3일)

욕심

닿을 듯 말 듯
잡히지 않는데
육십갑자는 팽이처럼 돌아간다

눈이 오기 전에
빠알갛게 빛나는 열매
바구니에 담고 싶은데…….

(2016년 1월)

추석에

감밭이라는 한 울타리 안에 살던
많은 식구
차례 지내고 성묘 간 오빠들

색동옷 입고 집에 혼자 기다리면
머루 다래 산과일 따다가
내 치마에 가득 채워 주었지

지금은 마트에 가면
산더미같이 쌓인 과일 지천이지만
그때 먹은 그 맛 아니다

뿔뿔이 동서남북으로 흩어져
새로운 울을 만들어 사는 오빠들
마트만 드나들 것이고

집안 막냇동생이었던 나는
그때의 추억을 누에고치 실 뽑아내듯
술술 뽑아 되새겨 본다.

(2014년 9월 8일)

친구

동리 목월 문학관 문학 기행 가는데
경주 사는 친구에게
스마트폰이 먼저 달려간다

바통 받은 친구 핸드폰
급행 택시 타고 달려와 기다린다
병원 냄새 나는 다리를 부둥켜안고
팔짝팔짝 뛰는 꼴
찰칵 찍어 놓고
깜박
서울 도착해서야 부랴부랴
내 기쁨과 함께 사진을 보낸다
특급 구름 타고 경주로 달려간다.

(2015년 4월 22일)

3부
주고 싶은 사람과 받고 싶은 사람

김신 장군

꿈속까지 찾아온 일제의 총칼
눈 뜨고 자던 아버지를
태양이 떠오르면서
오매불망 잊지 못하던 내 조국에 묻혔다

비행기로 한강 다리 밑을 통과할 수 있는
단 한 사람의 재주가 있다는 소문난 아들은

하늘은 날 수 있었지만
아버지의 소원인
북쪽 하늘을 날아가 보지 못하고
영원한 역사 속으로
그분을 따라갔다.

(2016년 5월 19일)

먼지 1

모처럼 앉아 쉬고 있는데
방 여기저기서
눈 흘기고 쳐다보는 눈들
방바닥과 책상과
화장대를 둘러봤다
뿌연 옷을 입은 저들이
날 노려보고 있다
손으로 만져 봤다
손이 새까맣다
화가 단단히 났나 보다
며칠만 쓰다듬어 주지 않으면
밴댕이 소갈딱지 같은 그들은
화가 잔뜩 나서
마음이 까맣게 타
철퍼덕 주저앉아 있다

난 당신만 위해서 사느냐고
힘들다는 변명을,
받아 주지 않는 누구를 닮았다.

(2015년 3월 12일)

먼지 2

오늘 한낮 기온 36도
뒷동산에 파란 바람 놀러 오라고
온종일 창문 활짝 열어 놨다
거실 바닥을 보니
거무끄름한 것이 납작 엎드려 코를 골고 있다
가벼운 날개를 달고 11층까지
집 주인 내게 문자도 보내지 않고 왔다
괘씸해서 빗자루로 볼기짝을 후려쳤더니
"왜 그래-."
낯짝이 뻔뻔스러워서
그제야 천천히 엉덩이 들고 있다.

(2015년 7월 11일)

몸값

평화시장에 들렀더니
화려하고 멋진 옷들이 너무 싸다

옷 속에 들어갈 몸은
무덤 속에 들어가면 똑같은데

값비싼 분들이 입는 것을 보면
불티가 나고

하늘 높은 줄 모르고
올라만 간다.

(2014년 5월 28일)

까만 비닐봉지

형제들과 꼭 껴안고 있던 그는
시장에서 과일을 넣으려고 떨어지는 순간
홱 불어오는 바람을 따라나섰다

하늘 높이 올라갈 때는 신선이 되어
아주 신나고 살맛이 났었지만
날아다니는 재미에 정신이 팔려

아차 하는 순간
가시나무에 걸렸다

빠져나오려고 하면 할수록
갈기갈기 찢기어
가슴은 까맣게 타들어 가고
떠난 것을 후회했다

분수대로 살아야 하는데.

(2014년 7월 5일)

배탈 난 땅
- 지진 -

아우성이다
많은 사람들이 놀라 소스라쳐도
배 속은 안전한 줄 믿었기에
마음 놓고 뛰놀면서
소화제도 준비하지 않았겠지

그런데 얼마나 속에서 요동을 쳤으면
아수라장이 되고
기둥이 흔들리고 지붕이 내려앉나

이곳저곳에서 하도 시끄러우니
머리를 돌덩이로 쳐도 느끼지 못하고
거꾸로 처박히면
그때
뒤집힌 세상이 보이겠지.

(2016년 9월 20일)

주고 싶은 사람과 받고 싶은 사람

새벽 일찍
샤워장 갔다 오는데

동네 아줌마
차 기다리다 금방 찐 모시떡 쥐어 준다

주고 싶은 사람인 나는
가뭄에 소나기 맞는 기분으로 받았다

모시떡 속에
보이지 않는 금은보화가 가득 들어 있다

남들이 주고 싶은 사람 되고 싶어
나무에 거름 주듯

티 내지 말고
남의 가슴에 고운 꿈으로 남을

보이지 않는 덕을 쌓자.

(2015년 9월 19일)

착각

벽촌에 살던 내가 서울 올라와
길을 물었더니
길 안내자인 그가 처음에는
친절하게 가르쳐 주었다
다시 물었더니
허리를 구십도 굽혔는데도
고개를 돌린다

시간이 지나니 새사람만 쳐다보고
물어도 못 본 척했다
시골에서 올라오는 사람은 많아지고
그렇게 그에게 코가 꿰이지만
참다못한 사람들은
다른 곳으로 하나씩 둘씩 떠나가고
다시는
그의 안부를 묻지 않는다

꿈은 있지만
새우는 고래가 될 수 없다.

(2014년 7월 23일)

착한 친구

같이 가자고

급하게 먹고 일터로 뛰는 사람 붙잡고
천천히 고기 한 점 빵 한 조각 더 먹으며
가는 길을 막는다

지각하면서 같이 가 주면
심술은 하늘만큼 땅만큼
뒤룩뒤룩 뒤뚱뒤뚱

온화하게 웃는 그에게
숫돌에 날 세운 혓바닥으로
사정없이 벤다.

(2016년 4월)

참을 수가 없어서

몸에 좋다고
오미자를 욕심껏 사서
설탕, 소주를 붓고
목까지 차게 넣고 뚜껑 덮는다

며칠 후
문 열기에 살겠다고 고개를 내밀었더니
휘휘 저어놓고 꼭꼭 봉한다

그때부터
속이 부글부글
꾸르륵 꿀꺽꿀꺽

방귀도 나갈 구멍이 없고

입도 코도 꽉 막아 버렸으니
숨 쉴 수가 없어

더는 못 견뎌

빵-
터뜨렸다.

(2014년 10월 7일)

철딱서니

8월 15일
매봉산 아래 자목련
파란 잎 사이에서 배시시 웃고 있다
무척 더울 텐데-

지난해 12월
관악산에서 진달래꽃이
눈 속에서 오들오들 떠는 걸 봤다

다른 꽃들이 나올 때
깜박 잠이 들어
때를 놓쳤나

철없다고
비웃는 사람들
제 할 일은 제대로 하고 있는지

그들은 늦었지만
매서운 추위와 삼복더위를
무던히 참았으며
자기 할 일을 하는 것이다.

(2014년 8월 15일)

최고 나무 분재

목, 팔, 허리, 다리
온몸을 비틀고 누르고
고개 들어도 팔을 뻗어도
인정사정없이 자르고

고통의 눈물로 살아온
아픔을 알기나 하는지
사람들은 미친 듯이
감탄의 환성을 지른다.

(2014년 11월 19일)

4부
물도 흐르고 시대도 흐른다

갈피를 못 잡고

찢어진 청바지 입은 젊은이 보며
누덕누덕 기워 입었던
지난날을 생각하는 80대 노인
-쯧쯧 기워 입을 천도 없어서-

말솜씨도 꿀꿀이죽이 되고
강산이 뿔뿔이 흩어지는데
땅과 가까웠던 둥지는 하늘 높이 올라가
별들이 창문을 기웃거리네

오래전에 이사 간 조상은 자손 찾아
엘리베이터만 오르락내리락하다
하늘인지 땅인지 머리가 바람개비 되어
저승이나 제대로 찾아갈 수 있을지

코스모스도
여름인지 가을인지 헷갈려
초여름에 때때옷 입고
가는 허리 흔들며 사람 홀리고 있네.

(2015년 6월)

근린공원

아침 일찍부터 찾아오는 인파들
늙은이 젊은이 남자 여자 장애인
뛰는 사람 걷는 사람
매미와 새가 노래하는 푸른 나무 밑

그 많은 집안 식구들
오는 대로 웃음으로 받아들인
종갓집 큰며느리
넓은 마음 같다

상큼한 공기
가슴으로 쑤욱 들이마시니
병이란 놈은 얼씬도 못 하고
어제 피로가 멀리 달아난다

고척 근린공원은
비가 오나 눈이 오나
항상 따뜻한 가슴으로
포근하게 껴안아 준다.

(2014년 8월 13일)

룰루랄라

눈 비비며 근린공원으로 나갔다
달리는 반바지 차림의 사람들
손을 번쩍 들고
파이팅 한다
차분하던 가슴속에서
새로 솟아오르는 피의 작동이 시작되고
걸음걸음에 활기가 넘친다

룰루랄라
머릿속에 환한 꽃이 피어나고
저절로 몸이 부웅 떠올라
하늘을 걷고 있다
룰루랄라 노래 부른다.

(2014년 7월 22일)

물도 흐르고 시대도 흐른다

날로 깎아 먹고
메주콩 솥에 넣어 삶아 먹던
배추 뿌리가 있었지

두레박으로 우물물 퍼서
100포기 배추와
밤새 소금과 싸움을 시키고
손이 빨갛게 물들었던 것도
지난날이 될 것이고

몇 년만 더 지나면
마트에서나 만날 수 있는
배추김치가 되겠지

초겨울 큰 행사였던
지난날의 내력은
누가 쓴 소설에서나 읽게 되겠지.

(2014년 12월 3일)

변덕스러운 날씨

어제는 친한 친구
입에 사탕 넣어 주더니
오늘은 으르렁 철천지원수
독약을 들이민다

어제의 약속은
나도 날 못 믿는 것을
오늘은 우거진 나무숲을 거닐며
새소리나 들어 보자.

(2016년 8월 31일)

오늘의 공부

친구 집 책꽂이에서 본
그 책 빌려 달랬지

고개 돌리며
오이 자르듯 없다고 그랬지

도서관을 다 뒤져도 없는 것을
내 것이 아닌데

내 맘과 네 맘은
네가 내가 바뀔 때 변하는 것을

나도 철이 들었다.

외식

70년대 초
초등학교 졸업식이 끝나면
모두가 운동선수처럼 달려갔다

오류동 중국집 앞엔
기다리는 사람들이
장사진을 이루고

아주 자랑스럽게
입가에 까만 짜장을 묻히고
행복한 얼굴들을 하고 있었다

부럽게 쳐다보는 사람들
침 넘어가는 소리가
여기저기서 꿀꺽꿀꺽 들렸다.

(2014년 12월 11일)

존경

출세한 그들은
하나를 둘이라고 하더니
둘을 하나라고 한다
난 하나를 하나라고 했더니
조롱거리가 되었다

난 날마다 배운다.

(2015년 12월 13일)

참아요

새벽부터 수다 떨려고
한달음에 날 찾아 달려오지요

세상 소식 한 아름 꽉꽉 채워 담아 와서
내 눈앞에서 종알대지요

반가워 급하게 손잡으려는데
요게 화가 많이 났나 봐요

담아 온 글에 성질이 난 그가
화를 참지 못하고 무조건 찔러 피를 보더니
내 손인 줄 몰랐다네요

골이 잔뜩 났지만
듣고 보니 말끝마다
나도 머리 꼭대기까지 열불이 났어요.

(2016년 6월 2일)

철새

강남구 학원동
진학아파트엔
중고생이 있는
젊은 사람들이 산다

아이가 초등학생만 되면
전국 각지에서 은행 통장을 가슴에 안고
헐떡거리며 학원동으로
밀물처럼 들어간다

아이가 대학에 들어가면
엄마는 얼굴이 환하게 피어나고
썰물처럼 하나둘
빠져나간다

강남구 학원동엔
젊은 사람들이 산다.

(2014년 10월 2일)

큰 나무 1

하늘과 가까운
큰 나무가 부러웠다

그런데
밑에서 뜨겁다 하면
햇빛을 가려 주고

비가 오면
온몸으로 비도 막아 주고

자기 몸이 망가지면서도
바람 막아 주는 것을 보니

부러워만 할 것이 아니다
웃으면서 힘든 아픔 참아 내는 것을 보고

휴! 큰 숨 내쉬었다.

(2014년 10월 19일)

쿠린내

아주 탱탱한 양파를 골라
껍질을 벗겼다
아니 그런데 멀쩡한 것이
벗길수록 냄새가 심하게 나고
깊은 속에는 홀딱 썩어 있다

겉이 시들시들한 것은
속이 꽉 차고
달콤한 향이 났는데……

눈부시게 황홀한 높은 누각(樓閣)
품위 있고 멋지기까지 한데
속을 홀라당 까뒤집어 보면
구린내가 코를 찌른다.

(2015년 5월 24일)

5부
바람은 바람에게 쫓기고

가거라

가슴에 가득한 희망을 빼 버리고
오뉴월에 서릿발 같은 한으로 바꾸어
가마니로 실어다
꽉꽉 채워 놓으니
풍선처럼 부풀어 올라
터질 것만 같다

펜으로 콕콕 찍어 종이에 담아
하늘 높이 날려 보낸다

훨훨 날아가거라.

(2014년 6월 11월)

공이 구른다

수레 끄는 등 굽은 할아버지
얼굴에서 쏟아지는 빗줄기 땀 닦으며
생각은 필드에서 구르는
골프공에 닿는다

하늘 같은 정원, 주택에서
컴컴한 지하 셋방으로
쪼르르 미끄러져 들어가
지쳐 쓰러진 구멍 난 단꿈

자가용 뒷좌석으로
히죽히죽 타임머신 탄다.

(2016년 10월 5일)

날개

-사랑하기 딱 좋은 나인데-
근린공원에서
꼬부랑 할머니 업은 의자가
팔랑팔랑 나비가 된다
오승근의 노래가
가슴으로 들어간 풍선
푸른 날개를 펼쳐
우쭐우쭐 하늘을 난다.

(7월 11일)

무게

지하철을 타려고 기다리는데
손을 꼬옥 잡은 70대 남녀
엿들으려고 한 것이 아니라
내 귀를 열고 강제로 밀고 들어온다
-신길역까지 같이 가지!-
-그럼 난 여기까지 혼자 오고-
-...... -

부부가 아닌 사랑
저들의 사랑의 무게는 몇 그램쯤 될까?
10대와 비교하면
아무래도 느리겠지
10대는 계산을 않지만
70대는 녹슨 머리로
저울에 달아보고
자로 재 보고
뱃속에 여우가 몇 마리씩 들어앉아
열 손가락으로 잠을 안 자고 계산하겠지

 (지하철을 기다리면서 본 풍경)

바람은 바람에게 쫓기고

꿈속에서 꿈을 꾸려 하지만
무지개는 잡힐 듯 숨어 버리고
숨바꼭질한다

정글 속의 담벼락
받침대는 보이지 않고
조막 발은 계속 헛디디고 있다

시간은 소리 죽인 오토바이에 앉아
거칠 것 없는 황야를
밤낮을 가리지 않고 달린다

쇼윈도의 마네킹 같은 단풍잎은
새하얀 눈에게 제자리를 팔아먹으려고
북쪽 바람과 흥정하고 있다.

(2016년 10월 19일)

숨바꼭질 1

욱이 할머니는 술래
저금통장도
주민등록증도
핸드폰도 못 찾는다

마트 가서 왜 왔는지
두리번두리번 몇 바퀴 돌고
장갑이 왜 한 짝만 있는지

욱이 할머니는 술래
안경 쓰고 안경도
우산 쓰고 우산도
손에 쥔 열쇠도 못 찾는다

형광등이 깜박깜박
눈짓하지만
눈치 못 채는 욱이 할머니.

(2015년 2월)

숨바꼭질 2
- 상사화 -

작년 12월
우리 아파트 정원에
새싹이 얼굴을 뾰족이 드러냈다

영하 13°로 내려가는 날씨에
석 달 동안이나
파란 얇은 옷 걸치고

이빨이 딱딱 부딪치는데
하루도 집에 들어가지 않고
밤이나 낮이나 기다리고 있다

작년 봄에 나와서
기다리다 사라지더니
그리던 꽃을 못 봐서인가

오매불망
얼굴이라도 한번 봤으면 하는데……
저러다 무슨 일 일어나지.

(2015년 3월 5일)

숨바꼭질 4

거의 30년은 지났건만
기다리다 지친 내 마음속에
지우개가 반 토막도 남지 않았는데
왜 불쑥불쑥
모습을 드러내는지

내게 돌려주고 싶은 그의 마음은
영원히 숨어 버릴 만큼
한 세월이 지났건만

그래도 내게 대한 양심이
귀뚜라미 오줌만큼이라도 남아 있는지
나와 마주칠 때마다
계면쩍은 듯 머리를 외로 꼰다

내겐 아직 내 것을 찾아오고 싶은
아쉬움이 머리 깊숙이 숨어 있는데.

(2015년 3월 19일)

염치도 없다

며칠 전
문자가 왔다
운동 잘하고 착한 사람이
길게 줄 서 있는
노인들을 밀치고
새치기했다고 한다
60도 안 된 사람이
경위 없는 사람이 아니었는데
웬 욕심이 그리 많아
무슨 호강을 하려고
90, 100세 노인들을 제치고
그렇게 급하게 먼저 들어갔나.

(2015년 1월 24일)

예금

지금 이 시간
지나면 지난날이 되어
그냥 버리기엔 아까운 쓰레기
바다로 흘려버린 것이 너무 많아
그물을 찾아 건져 올리려 하지만
어제와 오늘의 건널목도 없고
흔적 없이 흘러가 버린다

다시 찾아낼 수 없는 이 시간
오늘부터라도
황금 같은 시간 만들어
버리지 말고 저축해야지.

(2014년 8월 3일)

치매 2

그럴 수가 있을까?

시인 집에 도둑이 들었다
아주 예쁘고 은은한 향기 나는 도자기에
오랫동안 숙성시켜
달달한 막걸리 같은 추억을 쌓느라고
반세기 동안
차곡차곡 꽉꽉 채워 둔 알곡을
고약한 벌레가 다 파먹고
속이 텅 비었다

명탐정도 잡아내지 못한 벌레
머릿속에 들어가면
찌꺼기도 남기지 않고
야금야금 다 먹어 치운다니
지구상에 누가 풀 수 있으려나
수수께끼?

문 앞에 그물 철망 쳐 놔야겠다.

(2015년 5월 11일)

퇴장

서쪽 하늘에
초사흘 눈썹달

반쪽의 낮달
쑥쑥 잘 키워
둥근 세상 만든다

동쪽 하늘에
스무여드레 눈썹달

향기 짙은 박수 소리
마무리에 빛이 난다.

(2017년 3월 11일)

그림자

끈질기게 쫓아온 내 그림자

오물은 묻히지 말고

박하 향 나는

무지개로 떴으면.

(2015년 6월 19일)

일생

날파리가 눈앞에서 얼찐얼찐
성가시게 군다
-넌 왜 태어나서 날 귀찮게 구니-

-넌 뭔데 태어나서 내게 말이 많니-
그는 내게 그렇게 말할 것 같다

오래 사는 내가
하루밖에 살지 않는 그를 귀찮다고 한다

어제 관광차에서
사람들이 팔짝팔짝 뛰놀던데
그가 얼찐거리는 것은
하루살이 일생의 한바탕 춤일 것이다

날파리도 할 말이 있다

(2014년 7월 21일)

6부
보이지 않는 손

기분 좋은 날 1

　　1
며칠 굶은 시어머니 상판인
하늘을 쳐다보면서
시큰시큰한 다리를 끌고 수영장 가는데
등 뒤에서 나는 소리
-누님 보고 싶었어요-
그 한 마디에
가슴에 뭉쳐 있던 얼음이
아이스크림 되어 사르르 녹아내렸다

　　2
한의원에 갔더니
다친 다리를
뜨겁게 지지고 침으로 찔렀다
찌그러진 얼굴로 집에 오는데
좋아하던 친구 만나 손잡고
옛이야기 하다 보니
우거지상 사라지고
복사꽃 얼굴로 활짝 피었다.

(2016년 4월 27일)

고질병

-또 푼수 짓 하네-
병원은 어느 과에 가야 하나

줄기차게 뒤따라오는 바람과 해는
매몰차게 출입 금지해 놓고
냉장고에 쟁여 놓으면
뿌리 내릴 줄 알았나

오랜만에 빠끔 들여다보면
생동생동하던 푸성귀가
기다리다 지쳐
숨만 깔딱거리고 있다

잠깐의 충동 억제하기 힘들어
다시는 그런 짓 않겠다고
가슴 저리게 약속했지만

오늘도 고치지 못한 손버릇은
팔이 떨어져 나가는 아픔도 잊은 채
양손에 꽉 움켜쥐고
활이 된 허리를 잡고 끙끙
아이고! 허리야 팔이야.

(2016년 6월 1일)

발의 고백 2

아침 일찍부터
멋지게 해 준다며
뾰족하고 높은 꽉 조인 구두를
신겨 놓고
예쁘게 걸어 보라나

하루 종일
삐까삐까한 사람들과
서서 악수하고
즐거워 웃고 있지만

밑에 깔린 쪼끄만
난
신음 소리도 못 내는데
내가 없으면
하루도 밖에 나가지 못할 거면서

내 생각은 아예 지워 버렸나 봐?

(2014년 10월 1일)

보이지 않는 손
– 메르스 –

손님 대신
봉투만 참석하고

신랑 신부는
허공에 인사하고

인천공항으로 숨어들어 와
결혼식까지 지배하는 손

경찰은 떨기만 하고
소각장은 눈이 멀었나?

(2015년 6월 15일)

시 1

남들이 여기저기서 대어를 낚았다고
소리친다

배가 고파 밥 먹느라고
늦게 찾아간 바닷가

낚시를 드리웠지만
지푸라기만 올라오고

물고기들은 날 보더니
웃으며 달아난다

머리에 피딱지 붙는 노력이
있어야 하거늘

이제 와서 중간치라도
잡을 수 있을 줄 알고

시건방진 생각으로
밤새 앉았더니 몸은 으슬으슬

해는 밝아 오는데
이제 집에 갈 시간
새우 새끼라도 잡아보고 싶다.

(2014년 10월 17일)

시 3

9월과 10월

시를 찾아
발이 부르트도록 방방곡곡 헤매었다

혹시라도 눈먼 시가 있어
내 눈에 뜨일까 했지만

약아 터진 것들이
잘난 사람 따라가면
세계 여행도 할 수 있지만
못난 사람 따라가면
캄캄한 창고에 꽁꽁 묶여 있다가
재활용 쓰레기장으로 간다나

허탕 치고 빈손으로 왔다.

(2014년 10월 26일)

불평

책은 산더미
다 읽고 싶은데

내 속 모르는 해는
시간 없다고 달리고

하나뿐인 해가
원망스럽다.

(2014년 11월 23일)

전쟁

와글와글 우르르 우르르 꽝
이건 총소리인지
대포 소리인지
요란스럽다

전쟁이 나긴 난 모양인데
왜 싸우는지
구경 갈 수도 없고
알 길이 없다

점심 먹을 때
무조건 입장시켜
어떤 것들이 들어갔기에
배 속의 소리가 심상치 않다

한참을 정신 못 차리게
심하게 시끄럽더니
한쪽이 다 죽었나
시체들이 나오나 보다

화장실에 가 보란다.

(2014년 11월 30일)

지하철 안에서

오후 6시 10분
퇴근 시간이라 북새통인
서울역 지하철 안
떡시루 같은 차 안을
비집고 들어가니 숨이 막힌다

입술은 남 보이려고 칠했는데
얼굴을 돌릴 수가 없고
내 맘을 알아차렸는지
젊은 사람이 용산역에서 내리며
확 밀어버려
난 건장한 남자의 가슴팍에 안겼다

내 얼굴은 입술보다 진한
빨간 장미가 되고
음탕한 생각만 해도 간음한 것이라는데
자의 반 타의 반
남의 남자 품 안에 들어갔으면
이건 무슨 죄에 속하나?

파발마

소식 전한 것은 확실한데
감감무소식

따가닥 따가닥
힘차게 달려갔건만

많이 보낸 것도 아닌데
먹고 체했나?

걱정하는 생각 않고
오다 말고 객주 집에서

깊은 사랑에 빠져
헤어나지 못하고 있나?

밤낮으로 기다려도
돌아오지 않는 문자 메시지.

(2014년 8월 20일)

팔자

주인 잘 만나
속에 넣어 주는
글이 좋으면
몇 천 년
남을 수도 있지만

종이가 좋으면
뭣하나
주인 잘못 만나면
하루도 못 가서
폐지로 버려지는 것을

검으면 어떻고
희면 어떠랴
주인 만남에 따라
팔자가 바뀌는 것을.

(2014년 11월 19일)

피서

삼복더위에 지친 미루나무가
낮잠 자던 바람을 깨워
냇물에 거꾸로 풍덩 들어간다

물구나무선다

물의 나라
나뭇가지에 걸터앉아 있던 파랑새
시원스럽게 노래 부르고

매미는 매 앵 매 앵
신나서 꽁지가 들썩들썩한다.

하얀 뭉게구름은 그들 옆을 돌아보며
두둥실 헤엄치고

얼굴이 빨갛게 달아오른 해도
물속으로 뛰어들어 출렁 춤을 춘다.

(2016년 8월 10일)

헛소리

복권 당첨은 아니지만
행운으로 자리에 앉았는데
"신길역이네 일어나"
"자리가 아까워서 못 일어나"
"와하하"
환승역에서
무거운 공기만 가득 찬 지하철 속
멀뚱멀뚱한 손님들에게
웃음꽃 한 아름 안겨 줬다.

(2015년 11월 25일)

화

불이 붙어 활활 타는 입에서
따따따따따
따발 총알이 나오는 술주정에
앙다문 입을 하고
소나기가 쏟아질 것 같은 눈을 내리깔고
근린공원으로 나갔다

입구에서
봉긋봉긋 봉오리가 맞이하고
안으로 들어갈수록
쫙 양옆으로 늘어선 철쭉꽃
은은한 향기에
잇속까지 보이게 웃는
눈이 부신 온갖 색깔의 친구들
짹짹거리며 수다를 늘어놓다가
내가 여기 왜 왔는지 까맣게 잊었다

꽃(花)이 불(火)을 먹어 치웠다.

(2015년 4월 22일)

마루 최정순 제2시집
들에선 아직도 가을꽃들이 피어나고

지은이 · 최정순
펴낸이 · 이종기
펴낸 곳 · 세종문화사
편집 주간 · 김월영

주소 · (03740)
　　　서울 서대문구 통일로 107-39, 223호
　　　E-mail : eds@kbnews.net
등록 · 1974년 2월 10일 제9-38호
전화 · (02)363-3345
팩스 · (02)363-9990

제1판 1쇄 발행 · 2017년 10월 30일

ISBN 978-89-7424-121-6　　03810

값 10,000원

이 도서의 국립중앙도서관 출판예정도서목록(CIP)은
서지정보유통지원시스템 홈페이지(http://seoji.nl.go.kr)와
국가자료공동목록시스템(http://www.nl.go.kr/kolisnet)에서
이용하실 수 있습니다.(CIP제어번호: CIP2017025975)